오늘의문학시인선 · 376

으름나무 하늘을 품다

이태균 시집

오늘의문학사

국립중앙도서관 출판시도서목록(CIP)

으름나무 하늘을 품다 : 이태균 시집 / 지은이: 이태균. --
대전 : 오늘의문학사, 2016
    p. ;   cm. -- (오늘의문학시인선 ; 376)

경상북도와 한국문화예술위원회 진흥기금을 지원받아 제작되었음
ISBN 978-89-5669-758-1 03810 : ₩10000

한국 현대시[韓國現代詩]

811.7-KDC6
895.715-DDC23   CIP2016013778

으름나무 하늘을 품다

‖ 시인의 말 ‖

그 곳으로 가고 싶지만,
길을 알 수 없어
나는 오늘도 한 점
섬으로 떠있다.

기필코,
사람들의 그리움이 되리라.

2016년 봄
심원 이태균

차례__

시인의 말　　5

01_ 낙동 2월

낙동 2월　　13
새벽강　　14
목련　　16
직지천의 봄　　17
라일락　　18
삼월　　20
어무이　　21
쑥국　　22
산수유　　23
산사는 숨이 깊다　　24
봄비　　25
시인을 만나다　　26
용화사 봄비　　27
섬진의 봄·1　　28
섬진의 봄·2　　29
섬진의 봄·3　　30
으름나무 하늘을 품다　　31

02_ 하늘꽃 수채화

고성산 단상 · 1	35
고성산 단상 · 2	36
하늘꽃 수채화	37
고향 4월	38
찔레꽃	40
소쩍새 연가	41
뻐꾸기 우는 날	42
아버지의 등	43
비 오는 삼천포	44
갈치	46
매미 서곡	47
동해바다	48
코스모스 · 1	49
코스모스 · 2	50
갈대	51
가을은	52

차례__

03_ 달팽이의 꿈

풍경소리	55
은행나무	56
가을 산	57
가을 영상	58
가을 병	60
낙엽 이야기	61
겨울 대덕산	62
겨울강	64
까치밥	66
무창포에서	67
달팽이의 꿈	68
늦바람	69
참·1	70
참·2	72
그리운 사계·1	73
그리운 사계·2	74

04_ 귀가를 읽다

시월에 77
남장사에서 78
고백 80
소리 81
모정 82
된장국 83
세월호의 편지 84
당신이었습니까 85
그 사람 86
종이 한 장 차이 87
바람이고 싶다 88
귀가를 읽다 90
허물의 안쪽 91
풍경(風磬)을 읽다 92

■ 작품해설 ‖ 김송배 / 자연교감에서 비움의 미학으로 93

01
낙동 2월

낙동 2월

따스한 날에 왜가리 수없이 날더니
얼은 강둑엔 갈대 무성히 서 있다
꺼칠해진 낙동강 천 삼 백리

참고 있는 게다
추운 보릿고개 돌아온 먼 길 애달파
명치끝 시린 아픔에도 얼음장 안고 견디는 강

기다리는 게다
행주치마 언 손으로
메주 띄워 출가한 딸년 주려는
모정의 세월만큼이나
깊이 들 숨 하는 강

이젠 조용히 새 무릎 세울 거다
아직 깨지 않은 찬란한 가락국 여명에
봄을 녹여 내는 뜨거운 입김 얹고

새벽강
— 희망에게

새해 이른 새벽 강으로 가자

죽음보다 더 진한 어둠속에서
세찬 눈보라를 끌어안고
마음의 숲 하나 내어놓는
길게 호흡하는 겨울 강

두터운 네 살갗만큼이나
덕지덕지 쌓인 해묵은 정은
내공의 힘으로 토해 내거라

네 혈관 밑으로 흐르는
희망의 언어는
봄을 향한 불씨 하나 물고
남南으로 곧추 허릴 세운 보리로 키워라

강기슭 희미한 안개를 걷어낼
자두 빛 검붉은 햇살 하나 담아 두어라
홀연히 일어나 앉는 저 새벽을 보아라

얼음보다 더 매서운 침묵을 녹이는
저 노래를 들어라

목련

마당 모퉁이
다소곳한 숨소리 하나 서 있다

하얀 드레스 입은 수줍은 신부다
자신이 이미 봄인 줄도 모르고
얼어버린 긴 날들 지겨워
겨우내 참아 왔던 은밀한 몸부림은
촉촉한 밤이슬과 눈이 맞아
섣불리 처녀를 터트린다

파르르 속곳을 열어주곤
눈앞에 펼쳐지는 절정의 환희들
거부할 수 없는 시간의 흐름이 억울해서

아쉬운 이별보다 더 진한 미련을
속살 들킨 하얀 여인네
살 내음으로 토해낸다

직지천의 봄

은빛햇살로 물결 눈부신
지금도 청둥오리 물 가르는
뒷 냇가 방천 잔디에 머리 기대어본다

봄기운에 졸린 눈꺼풀 속으로
와락 뛰어드는 군상들
고추 당당히 내놓고 뛰놀던
어릴 적 불알친구

검정 고무신에 송사리 잡아내던
등가죽 타는 줄도 모르고
물장구 개헤엄 치던
그 유년

다시 태어나도 지워지지 않을
그리운 날
고향 물풀냄새로 아려오는

라일락

사랑에 빠졌다, 앞뜰 라일락

제 속살 익는 향기에 취해
보랏빛 옷자락 풀어 제낀다
이슬 젖은 가슴
그윽한 향수로 유혹한다

희귀새 꼬리치며 말붙여 보지만
태양의 타는 눈길에도 연산홍 발돋움도
아랑곳 않더니
어느새 살랑 바람이 건드렸는지
온몸 흔들거리고 옷자락 서걱인다

참았던 부끄럼 밀어내는
황홀한 정사처럼
울렁이는 가슴 위로 밀려오는
향기조차 묻어 버린
몸 디틀림
전해오는 전율에 맺힌 땀방울

보랏빛 별 초롱 수없이 매달고
원래 은근한 자태
바람났는지 시침 뚝 떼고 더 뽐낸다
온종일 붙어 살랑이는 바람이 밉다

삼월

초록단장 옅어질까
연이틀 오던 봄비
아침안개 까치소리에
조바심으로 멎고

남쪽 그립던 훈풍으로
붉게 물오른
살구나무 젖망울

부서진 햇살 속을
살며시 속살 비집고 나온
몸을 비튼 초록 여심

오랜 터널 속에서
조용히 새벽을 연다

어무이
― 봄 오는 날

긴 날 살아 온 두꺼운 껍질을
뽀얀 살갗으로 움트고 싶은 날은
촉촉이 봄비로 당신을 찾겠습니다

어릴 적 냉이 쑥 캐던 날 그리우시면
유채꽃의 노랑나비 되어
온 종일 당신 곁을 떠나지 않겠습니다

뻐꾸기 울어 봄 떠나려 하면
억지로 붙들지 말아요, 우리
다음 해에 봄비 또 오잖아요

쑥국

아침상에
햇봄 한 그릇
올라왔다

된장 내
우묵한,

모락모락
안개처럼 피어나는
옛 보릿고개

그리운 어머니
눈물 같다

산수유

노란 원피스 입은
예쁜 여인

가는 허리춤에
은근한 자태
대낮에도 마디마디 등불 밝혀
누굴 그리 기다리시나

담장 한쪽에 비켜 서 있어도
너의 환한 미소에
꽃샘바람도 넋을 잃네
새들도 연신 입 맞추네

산사는 숨이 깊다

황악산 꽃샘바람에
풍경소리 요상하고
큰 스님 독경에 새소리도 추락하네

새벽 산사 그윽한 향내에
숨 고르는 저 숲 보소
돌 틈새 연분홍 진달래
법문소리에 더 낮춘 몸매

산 너머 아스라한 뻐꾸기 소리
극락문전에 닿으려나
지극정성 울려오고

산사 길 녹음에 취해
이승저승이 어디인지

어느덧 텅 빈 영혼은
제 육신을 잊었구나

봄비

봄비 내리는 날은
온 종일 흠뻑 젖어 있고 싶다

축축한 우기의 어둠 속이 안락함은
자궁 속 모태가 그리워서일 게다
대지 위에 닿기만 해도
취해 버리는 수혈
밤늦게 찾아와 유리창을 때린다

온 몸을 삼켜버리는
양주 같은 수액으로
골수이식을 한다
푸른 수액을 토해낸다

겨우내 여민 가슴을
묻어만 두곤 못 배겨 조용히 옷을 벗는다
마냥 새벽을 걸어오고 있다

시인을 만나다

아침 일찍
통영 가는 기행버스에
몸을 얹는다
차창밖엔 연녹색 봄이
흘러내린다
편안하다, 눈이 감긴다

뿌연 통영 부둣가
생선비린내가 물씬
바다를 부둥켜안고 내 후각을
자극한다

연분홍 사이로 드러난
유치환이
또 한 편의 시를 쓴다

용화사 봄비

용화사 가는 길목에도
봄비가 내린다
녹색 이끼 낀 연못 가운데
노란 개나리 흰 허리 말없이 뽐내고

산사 허물어진 담장 모퉁이에
홀로선 동백나무
당신의 진홍빛 입술로 게워낸 혈액을
파란 잔디에 흩어 놓았다

케케묵은 기왓장과 고요한
불심마저 잠재운 너의 자태는
양귀비보다 고와

두고 오기 아까운 발걸음
다시, 돌려 본다

섬진의 봄 · 1

겨우내 기다림 속에
숯불 같은 당신은
바위 틈새 이슬처럼 조용히 온다

내다! 하고 버텨 온 천년
섬진강 젖줄로 잉태한
매화 하얀 허리
속살 내밀고 길게 누운 백운자락

매화향 은근함으로 이끄는 당신은
무릉의 양귀비인가
온 몸으로 터지는 성난 젖망울
나비 몇 마리 향에 취해 떠날 줄 모른다

하동재첩 시원한 맛 그새 다 잊고
언뜻 올려다 본 꽃비 사이로
하얗게 흩날리는 하늘이 나를 잡는다

섬진의 봄 · 2

두꺼비 놀던 섬진자락
고려 우왕의 촉루인가
왜구 향한 동학의 애환이런가
천년을 거슬러 오른 회색 젖줄

춘삼월 섬진 물에 발 담근 청매화
임포*가 놀다 갔나
하얀 면사포 온 산을 누비고
제 몸 암향暗香에 못 이겨
속살을 드러낸다

* 임포: 중국 송나라의 梅妻鶴子는 처자를 버리고 대신 매화를 처로, 학을 아들로 삼았다는 설화.

섬진의 봄 · 3

매화도 피어야 꽃이다

아직 피지 못한 꽃망울은
시샘하는 섬진 바람에
내숭 한 번 떠는 것이다

모진 풍상 두꺼운 껍질 속을
하얀 속살로
터져 나오는 것은
아마도 춘흥을 못 참는
여인네 목마름

은은한 향기에 젖어
못 돌아서는 이 몸,
매처학자 임포가 이랬을까

오늘은 네 품속에서
벗어나고 싶다

으름나무 하늘을 품다

살아온 날들이
실어증처럼 무거워질 때
우거진 넝쿨 아래 맨발로 서 보아라

오늘도 땅거미 목젖으로 기어오면
세상 지저귀던 새
서둘러 저녁 숲으로 돌아가고

기다림에 허기진 발등을 딛고
수혈을 한 진보랏빛 꽃별들을 내걸어
다시 숨 몰아쉰다

다가올 계절을 위해
그리움으로 남겨둘 시간을 위해
넝쿨손들, 비운 가슴만큼 서로 몸 비비며 어우러져
닫힌 문 다 내려놓고 있다
허공에 살을 섞고 있다

02
하늘꽃 수채화

고성산* 단상 · 1

나지막한 산자락에
갈잎 냄새 더 진하고

송정 오솔길을 휘잡아 돌아보면
굴참나무 그늘에도
구석구석 정여울이다

산기슭 채석장 옆 외로운 폐가에는
온종일 말 없는 햇빛
산비둘기와 놀고 있고

팔각정 발 아래
가물대는 감천甘川 뜰이
구름인 듯 무릉인 듯
혼을 적신 날개처럼
가붓하게 날고 싶다

* 경북 김천시 소재, 해발482.7m 백두대간 지맥.

고성산 단상 · 2

단아한 그대 마음
속정이 깊은갑다

가까이 두고도
아껴 둔
님 같은 그 품속

내가 누구인지 알고 싶은 날
소리 없이 그대를 찾는다

오솔 길 따라 몇 굽이
숨죽여 다가가면
그대 버선발로 달려오기 전

어느새 맑게 비워진 영혼
당신마저 잊는다

하늘꽃 수채화

아직도 못 떠나는
봄이 익는다
맺힌 옹이 더 못 참고
열꽃 터져 몸을 푼다

퇴근길 송정로에 사열한 벚나무
아득히 울려오는 군악 팡파르에
흰 손 흔들어 환호를 한다
환희의 문장으로
솜이불 같은 하늘시를 쓴다

사랑하는 사람아
봄이 간다
그리움을 앓는다

온통 목마른 하늘과 도로와 빈 가슴에
파도 같은 꽃잎으로 밀려갔다 다시 돌아오는
그대는, 천상의 수채화

고향 4월

내 영혼의 안식처가 되는
아버지 산소에
솔개 한 마리 빙빙 돌아
제 그림자 찾고 있다

생전에
술 단내 나는 당신 품 그리워
잔디 풀베개에 둥그런 하늘
껴안아 본다

개나리 노오란 설렘으로
생명을 꽃피우고
조용한 당신 뜨락에
천상의 하얀 옷 입은
소망으로 피어나는 배꽃 봉우리

아늑한 어둠의 광야에 한 줄기 빛처럼
아직 깨면 안 되는 꿈을 보듬고

진달래 볼그레한 수줍음으로 피는
아쉬운 봄을 잡아 두고 싶다

찔레꽃

네 속내 다 안다

갈라진 몸매
아무렇게나 치장해도

보잘 것 없다고
풀밭 끝에 숨어
내숭 떨어도

시리도록 아픈 그리움 있는지
애절함이 병 되어
몸뚱어리 가시 돋아

그래도 봐 주지 않을까
발돋움한 목은 길고
화장 않아도 화사한 연홍빛 얼굴
이제 보니 너는
완벽한 아프로디테

진정 가면이 아닌 것을

소쩍새 연가
　— 6월에

소쩍소쩍
소쩍새 속절없이 우는 날은
6월 가뭄에 밭이랑 터지고
물동이 이고 보릿고개 넘어오시다
베적삼에 땀 훔치던
어머니 생각에 가슴앓이 한다

소쩍소쩍
메아리 따라 더 막막해지는 추억들
저 앞산 솔밭에
울음 깊이만큼 짙어 가는 그늘

더 말라 가는 태양

뻐꾸기 우는 날

무슨 사연 풀어내나
초여름 앞산 뻐꾸기
속절없이 울음 운다

용광로처럼 뜨거운 밭이랑을
염기 진한 땀방울로 적시는
등 굽은 저 농부의 세월만큼이나
깊고 서러운 울음이다

땅거미 짙어 와
더욱 멀어져가는 소리는
어릴 적 소꿉친구와
살아생전 아버지 술내음처럼
그리운 적막감이다

이승이 찰라일망정
부여잡는 저 구름

뻐꾸기 두 눈에
들어앉은 내 가슴

아버지의 등

내 고향 산천이
포도 향으로 짙어 오면

외양간 지붕 위
하얀 달빛이
옛 이야기 꽃으로
벙그는 사이

두엄내 나는 긴 밭둑을
밑줄 긋듯 더듬어

등 굽은 지난날들이
고단한 밤을 건너
익모초 같은
진한 문장으로 쌓이고

비 오는 삼천포

어머니, 지금이 그때입니다
바깥은 천둥 폭풍우 속인데 배 안은 포근한

우중에 잠시 개인 찌푸린 수평선 위로
삼천포 유람선이 유유히 선을 긋고
멍게 안주 소주잔에 진회색 그 비린내가
고향 같이 묻어났습니다

느닷없는 빗줄기가 선창을 때리더니
육지의 온갖 상념 어둠을 뚫고 와서
뮤지컬 악역처럼 창문을 걷어차고
서로 부둥켜안고 격투를 시작합니다
나도 그들과 함께 했고
세월을 밟고 온 새벽도
하얀 목련도, 푸른 초원도 보였습니다
격전 후 하늘이 개이고 평온이 왔습니다

유람선 뒤 망망대해에
갈매기 편대로 급상승하더니

허공에 날개를 편 채 일제히 섰습니다
내 의식과 모든 상념도 일순간 멎었습니다

어머니, 지금이 그때입니다
아무 생각이 나지도
하지 않아도 좋을 찰나의 순간
아! 이 순간이 좋습니다
텅 비어진 우주
범아일여

갈치

장날, 재래시장
어물전 좌판대에 은빛바다가 뒹군다

허연 배때기 내밀고 누워 있는 갈치
벌떡 일어날 듯
눈동자에선 푸른 파도가 밀려온다
시장사람 하나 둘 갈치로 둔갑하고
시장 바닥이 점점 바닷물로 차오른다
일순간 그 자리 서있던 나도 없고
그가 살던 깊은 물밑 나라
시공간도 물 흐름도 없는 정靜과 공空의
자유를 만끽했을 아득한 순간들
댕강 댕강 댕강
투박한 단두대에 동강난 맥박들

이대로 더 오래도록 누워있어도 좋겠다
근심도 애욕도 열반한 침묵의 자유로
동공 풀린 어둑어둑한 하늘 내려와 앉고
어물전 좌판대엔 여전히 은빛바다가 뒹굴고

매미 서곡

오랜 기다림만큼의
더 짧은 세레나데

빈 가슴 다 짜내는 울음,

한 여름내
허공마저 끌어내리는
평행선 문장

서럽게 다음 책장을 넘기는
수컷들

동해바다

긴 여름 밟고서
파도 안고 달려 온 바다

수평선 먼 정점에
통통대는 고깃배 하나
갈매기소리에 나를 묻고
정지된 공간으로 걸어간다

소주잔에 비친
싱싱한 비린내가
향수로 출렁인다

갈매기 먼 날개 짓이
아무리 자유로워도
정작 바다는 떠나기 싫어
밤새워 어찌나 울어 대는지
후포 민박집
파닥이는 비늘로 뒤척이는 밤은
머리맡을 찾아 온 달그림자와
물속에 함께 들어 님처럼 눕는다

코스모스 · 1

가을 녘엔
너를 꼭 안아 주고 싶다
가는 허리에 목이 긴

스산한 날에도 맨살 내놓고
연분홍 한복에 버선발로 서 있는
작은 바람에도 와르르 무너질 것 같은
어떤 세풍에도 오히려 꺾이지 않는
너를 갖고 싶다

아무도 찾는 이 없어도
매년 그 자리에 버티고 서 있는
동구 밖 그 곳

얼마 남지 않은 오후 햇살이
길모퉁이에 함께 걸터 앉아있다

코스모스 · 2

가을바람이 났다
여윈 허공을 흔들고 있다

코발트빛 멋진 하늘을 향해
형형색색 치마를 입고
솟아오르는 가슴을 내민다
가는 허리로 마냥 뽐내본다

더욱 가까이 가고파
작은 키에도 힘껏 발돋움해본다

하얀 겨울이 올 때까지
하늘을 껴안고 놓아주지 않는다

은빛 햇살이 긴 그늘로 밀려나도
마을 입구에 종일 서있는 외발의 가을

설레임이다

갈대

살아있다는 건
기다림의 연속이다

겨울이 오는 길목에서
텅 빈 하늘 향해
앙상한 가슴 흔들어 대는 것은
누군가를 기다리는 것이다

눈물 다 마르도록
누굴 사랑한다는 것은
제 속 온전히 비우는 일

맥박도 없이 속살 다 드러낸
덤으로 사는 삶 같아도
강과 산기슭 빈 자리에 맨발로 비켜서서
꺾이지 않고 안으로만 삭이는

바람 부는 대로 순응하는 하얀 흐느적거림은
어둠의 둥지에서 조용히 새순 기다리는
침묵의 몸부림이다

가을은

주르륵, 말없이
지구로 내려앉는 은행잎
가진 것 다 놓아 버리는 발가벗는 작업

절정으로 사정한 피멍들을
다시 땅속으로 감추고 싶은 것이다

황금 들녘이 눈부신 건
익은 만큼 고개 숙인 우아함이다

어느 분이 있어 회귀의 진리를
이 가을로 깨우쳐 주었는지
숙연해 보이는 푸른 하늘

가로수 끝 빈 가지에
남은 햇볕 한 움큼으로

매달린 정적
등 뒤에 서 있는 겨울

03
달팽이의 꿈

풍경소리

뎅그렁 풍경소리
시월 긴 밤 울려놓고

우수수 밀려오는
적막이 쌓이는 뒤뜰

그 여름 흔적을 찾아
함께 우는 외론 하늘

추녀 끝에 매어 달린
목어처럼 여윈 가을

뎅그렁 추운 가슴
무애 그리 애닳던고

그 세월 억겁을 건너
떠나가는 혼이여

은행나무

스스로 부자인 은행
시샘 너무 많다
고요한 쪽빛 하늘을 그냥 두지 않는다
노란 수채화로 온통 장식한다

은행은 수다쟁이다
조그만 바람에도 사시나무 떨 듯
금빛비늘 세우고 재잘거린다

주마등처럼 스쳐간 지난날들
황금 같은 이야기 주렁주렁 열려 있고
다 못한 얘기들은
주르륵 지구로 내려앉는다
더 무거워진 우주

가을 산

가랑잎은
발자국을 남기지 않는다

입동언저리 가을 산
제 몸 다 부서지고
모퉁이에 남루처럼 버려져있다

꺼칠해진 참나무 올려다보면
텅 빈 하늘가에
추운 잎 몇 장 목줄 매고 있다

고성산 기슭에
산그늘 혼자
누워있다

뼛속으로 뛰어드는 차가운 산
서성이며 겨울을 맞이하고 있다

가을 영상

상주시 청리면
장인장모 산소 가는 길에
가을의 여린 햇살이
편지처럼 다가왔다

장인 손때 묻은
정든 사과밭을 지나면
이제는 타인 땅이 되고
사위 사랑도 함께 멎었지만

물오른 사과 한 입 깨물어 보면
침샘 돌 듯 떠오르는 건
망태기 같은 정 온 밭에 묻어내신
어르신 흙발의 흰 고무신이다

구리 빛 노을 따라 오는 길 재촉하면
생전에 먼 발치서 아쉬운 손 흔드시던
돌담 그 모퉁이에

코스모스 몇 그루 남아
가을의 끝을 잡고 있다

가을 병

새벽도 너무 깊으면
가을 병이 오나보다

마저 남은 단감 하나
툭, 지구에 몸져 누우니

지켜 본 별님 하나가
눈물 되어 떨어지네

낙엽 이야기

나무들 둥지에서
이제 떠나려합니다

푸르던 날의 추억과
비와 바람과 태양의
거룩한 사랑을 품고
땅으로 나를 내려놓습니다

가지마다 비운 내 공간만큼
머물렀던 많은 얘기들
남은 가을을 여린 햇살로 절이고

거름으로 겹겹이 누워
늑골 밑 봄의 허리를
꿈으로 달이고 있는

겨울 대덕산*

소백 동남자락에
월매, 국사봉 끌어안고
도도히 누워 있는 삼도 접경 자락

멀리 보면 고운 능선
눈 속의 알프스요
다가가면 구름 위에 우뚝 선
우직한 남자다

얼음골 약수터엔
똑똑똑 고요를 깨고

하늘로 난 가파른 눈길 오르면
능선마다 서있는 인적 없는 대밭
눈보라로 윙윙 우는 댓닢 소리에
겨울 산 그림자 깊어만 가고

정상 칼바람에 멍해오는 순간
차갑게 맑아오는 영혼, 우주와 하나 된

발아래 긴 호흡
늘 기다려주는 산

* 대덕산: 경북 김천시 대덕면 소재, 해발 1290m, 전북 무주 경남 거창과 삼
 도접경 명산.

겨울강

결코 멈춘 것 아니다
쉬고 있는 것이다
도도히 흐르던
아무도 막을 수 없는 세월의 강
갈대를 끌어안고 얼어 있다

울창한 숲과 골짜기 지나올 때
노래와 시, 바람과 비
욕망과 번뇌 다 놓아두고
이곳으로 옮겨와 자리 잡은 체념

흘러온 세월만큼의 무게로
길게 누워있는 강
할퀴고 찢긴 가슴으로 잠들어있다

체념마저 체념하면 희망으로 살아나는가
칼날 세웠던 살얼음 밑바닥에서
봄기운 하나 깃털 세우고 일어선다

저기 하늘 닿은 강 끝자락에
새 한 마리 비상하고 있다

까치밥

초겨울 언저리
우리 집 감나무에 맨살의 단감 몇 개
달랑 까치밥으로 하늘 끝에 남겨 뒀다

산신제 제물처럼 신성한 듯 초라한 밥상은
감나무와 햇볕, 새들이
푸르른 날 베풀고 간 사랑에 대해
남겨둔 알량한 내 양심이다

메말라가는 육체를
올려다 볼 때마다 생기는 죄 값은
측은지심

그러나, 하얀 눈꽃송이 피고
홍시가 감꼭지로 메말라 붙어도
비워진 공간만큼 많은 이야기들과
가지를 흔드는 차가운 바람 뒤로

조용히 뒤꿈치 세우고 있는
봄이 있다

무창포에서
— 보름달에게

내가 그대에게
당신을 사랑합니다,
라고 말할 땐

내 마음 밭에 오래 전부터
당신을 온전히 황금연못으로
가두어 두었습니다

내가 그대에게
당신은 내 영혼입니다,
라고 말할 땐

내 꿈의 서재에 오래 전부터
허락도 없이
수십 권 당신을 꽂아 두었습니다

달팽이의 꿈

슬프다

네 세상 밖에서 바라보는 나도
나왔다 다시 너만의 세상으로만
돌아가곤 하는 네가
정말 싫다

네 등엔 세상 업보 다 걸머진 양
무거운 네 몸뚱어리 진기 다 쏟아내어
하루 종일 걸어봐야
시야에도 못 벗어나면서

꿍무니론
지구상에 큰 족적을 남기고 싶은

끈끈한 그 꿈

늦바람

불혹 넘어
아무래도 늦바람났지

초가을 귀뚜라미 울음에
휭 하니 빈 가슴 뚫리고
파도 되어 밀려오는 그리움들
무에 그리 아쉬운지
밤새 뒤척이다 잠 못 이루니

국화향기에 취해 내가 없고
달그림자 뜰에 길게 누우면
하늘의 별과 바스락 낙엽소리에도
아픔만큼이나 진한 눈물이
가슴 저 밑창에서 회오리치니

불현듯, 바람소리에 뒤돌아보면
소나무 하나 우두커니 바라보고 있다

참 · 1

흔들리지 않아야함도 위선이지
실제는 흔들리면서

마음을 비워야함도 위선이지
선을 가장하면서

미인을 못 본 척 지나침도 위선이지
성인도 아니면서

깨우침을 향한 일념도 욕심이지
그것도 가짐인 걸

욕심을 내지 않으려는 욕심 또한
더한 욕심이지

참이란 이렇게들 말을 하지

너와 내가 하나 되는 범아인 삶이며
익어가는 가을에 물 든 줄도 모르고

흰 눈 오는 밤이면 마음 가는 대로
지구를 걸어보는 게지
그냥
발자국을 남기고

참 · 2

여보게
자네 심장 뒤엔
온갖 마음이 숨어 살지

한평생 짧은 순간에도
수만 가지 마음 만들어
백수 할 것처럼 늘 욕심을 드러내지

그러다 숨 다한 날은
동전 세 닢, 쌀 몇 알 입에 물고
그냥 간다고 하지, 몇 마디 못 남기고

그래, 의식 있는 동안은
너와 나가 아닌 우리로 살아 보자
여여유유하면
몸과 맘 다 부자이니

그리운 사계 · 1

당신이 당신다워 보일 때는
봄비 맞고 서 있어도 비에 취해
그게 봄인지도 모를 때입니다

당신이 당신다워 보일 때는
해변의 비린 소주 한 잔에
밤새 파도가 우는 것도 모를 때입니다

당신이 당신다워 보일 때는
은행잎 수북이 쌓인 도로 위에서
멍하니, 그냥 서 있을 때입니다

당신이 당신다워 보일 때는
새하얀 눈이 소리 없이 새벽을 덮을 때
밤새도록 등불 끄지 않을 때입니다

그리운 사계 · 2

내가 당신 그리운 날은
봄날의 아지랑이 되어
당신 눈 흐리게 할 거요

내가 당신 그리운 날은
수많은 섬 에워싸는 흰 파도로
당신 갈매기 만들어 바다에 가둘 거요

내가 당신 그리운 날은
사랑을 피로 토해내는 단풍 되어
온 산에 누워 있을 테요

내가 당신 그리운 날은
온 세상 하얀 눈으로 덮어
당신 못 헤어나게 할 거요

04
귀가를 읽다

시월에

그늘 가장자리엔
늘 햇살이 머물고 있다

공원벤치에
여린 햇살 한 줌 여름을 말리고
쪽빛 하늘가엔 지난 나의 허공이
고추잠자리 따라 맴을 돈다

아, 문득
시간의 뒤란을 서성이는
어머니와 그리운 사람 생각에
갈잎 타는 냄새 더 깊고
색 바랜 살구나뭇잎 몇 장 뒹굴고 있는
저 잔디의 등줄 위로 베토벤 음률이 스쳐가는
짧은 행복의 순간

오히려 중독 같은
나른한 적요

남장사에서

안개 뿌연 산사에
솔잎 더 푸르고
뒷산 두견새
억겁을 우는지
풍경소리 더 외롭다

윤회하는 인연일랑
대웅전 향내로 풀어내고
부처님 그윽한 미소에
만법이 엎드려
보살님 아미에 맺히는 땀방울

나 없으면 모두 부처요
일체유심조 불생불멸이라
큰 스님 청아한 독경소리
산사 정적을 깨문다
똑 똑 똑

법당에 얼굴 닿으니

이승 저승에 나가 없네
무념无念이 능히 부처라고
억!
법당 처마에
텅 빈 하늘이 매달려 있다

고백
― 부부

불혹 지난 지금도
조그만 속내 보이기엔
말로 다할 용기가 안 난다

우린 말 필요 없다
눈만 보면 다 안다

당신 눈 마주치면
우물만큼 당신 깊은 곳에
내 영혼과 몸은
나부 되어 박힌다
다 비쳐 모든 것 숨길 수 없다

소리

머리맡 시린 밤
어둠 속 두런대는 소리에
선잠을 깬다
똑 딱 똑 딱
아무도 멈출 수 없는 시간의 흐름소리
쿵 쾅 쿵 쾅
더 크게 울려오는 순리의 흐름소리
창밖에 국화 향 스러지는 소리
이슬내리는 소리
은행잎 노란편지 우수수
내려앉는 소리
바람에 대문 삐걱거리는 소리
다시 누운 베갯머리 밑에서
새벽 첫눈 오는 겨울소리
멍 멍 멍

모정

서울에 많이 춥제?
지금 눈 오니?
밥은 잘 챙겨먹고 다니니?

그래, 옷 따시게 입고
필요한 거 있으면 수시로 전화하고……
딴 일 없제?
사랑한데이, 우리 아들!

엊그제 했던 똑같은 통화
오늘 또 한다

된장국

나이 들면서
언제부턴가 된장국냄새가 그리도 좋다
대파에 청양고추 썰어 넣어 구수한
우리 집 된장국

부항댁이 엄마 시집 와서
종갓집 며느리로 제사도 많고
보릿고개 넘어 힘든 고비 버텨온

세월의 무게만큼 다듬어진 그 손맛.
자식들도 장맛처럼 꿋꿋이 커오게 한
바위처럼 흔들리지 않는

세월호의 편지

시간을 달여 먹는 팽목항 침묵으로
결박된 폰 문자가 허공을 헤매일 때
급물살 조각난 사랑 어디로 흘러갔나

더 이상 갈 곳 없는
실종된 답장들과
속절 없이 뛰놀던 영혼
늑골에 걸어두고

갈매기 먹울음으로
훠이 훠이 날아오는

당신이었습니까
― 목련

무서리 등골로
당신의 빈 의자를 내미는 겨우내 시린 날개가
어머니 가슴뼈로 서 계신 줄은
꿈에도 몰랐습니다

소리 없이 봄을 안고
눈처럼 하얀 고백의 촛불로 오신 당신은
평생의 짐을 보듬는 은은한 여인의 강

내가 궁핍하고 초라하고 고통 받을 때
죽음보다 진한 침묵으로
설렘의 봄비처럼 한 올 한 올 발꿈치에
내려와 앉는
사랑의 꽃불

그분이 바로
당신이었습니까

그 사람

'그 사람' 좋다고 한다
'그 인간' 나쁘다고 한다
못마땅하면 인간들이라고 한다
인간의 사전적 의미는 '사람이 사는 세상'인데

인간 세상에 나서
'그 사람'으로 살다가
'그 사람'으로 기억되고 싶다

종이 한 장 차이
― 새빨간 거짓말

천재와 바보는 종이 한 장 차이
아는 것과 모르는 것, 밝음과 어둠
기체와 액체, 점과 선

양극兩極 모두 종이 한 장 차이란다
새빨간 거짓말이다
양극兩極으로 180도 변하는 경계점 도달까진
빙하의 숨겨진 부분처럼 무한한 공간과 질량의
필요충분요소가 있어야 하는
엄청난 차이가 있다

종이 한 장 차이 이면의 깊은 뜻은
일체유심조一切唯心造

바람이고 싶다

어디서 와서 어디로 가는지
마음 가는 대로 거침이 없는
그런 바람이고 싶다

아무도 차별하지 않는다
잘나고 못난 사람
잘 살고 못 사는 사람
구분 없이 늘 함께 껴안아 준다

세속의 인연도
험한 준령과 커다란 바위 앞에서도
굽힘과 걸림이 없는 보헤미안

이른 아침 창가의 봄내음으로
앙상한 느티나무 끝의 흔들림으로
없는 듯하면서도 어디에도 존재하는

오히려, 있는 자체도 의식하지 않는
바람처럼 왔다가 바람처럼 갈 수 있는

가식도 가짐도 없는

귀가를 읽다

빌딩숲을 떠나온 비둘기처럼
어느 물가에 내려앉은
꿩의바람꽃처럼
먼 산모퉁이 돌아 숲으로 난 길들로
우리는 곧 떠나야 할 시간을 맞이한다

끝이 다 보이지 않던 그 길

이제 숨 몰아쉬며 가다보면
말없는 개울물엔 시린 계절 헹구고
까마귀 울음 따라 그리움도 남겨두고
따라오는 발자국에 불면의 별도 묻어두리

끝이 다 보이지 않던 그 길

가는 대로 가다보면
비워진 만큼 곰삭은 내 푸른 문장들
언젠가 하늘이 허허로워도
붉게, 환한 시어로 서리

허물의 안쪽

대합실 귀퉁이에 웅크리고 있는 남자
고비사막 그 언덕 보름달 떠올린 듯
메마른, 이승의 등뼈가
어둠을 뜯고 있다

불어 터진 그림자 눈 뜨는 노숙의 밤
짓무른 기억 한쪽 반대로 돌려 눕혀
길 없는 길 속에 들어
한참 동안 가물대고

실뱀 같은 골목이 몸속으로 기어들어
움켜쥔 통증 한 줌 침으로 삼켰는지
마침내, 고요해진 남자
없는 듯 잠이 든다

풍경風磬을 읽다
— 耳鳴

한 마리 굴뚝새가 살점 모두 핥아먹은

지난날 내 모습이 허공 끝에 걸려있네

뎅그렁, 텅 빈 가슴을

날숨으로 달래며

몸 밖으로 흩어진 멀고 먼 울음이지만

녹슬어 안 들리는 두 귀를 말아 쥐고

백목련 저 꽃술 위에

불면을 털어내네

■ 작품해설

자연 교감에서 비움의 미학으로
─ 이태균 시집 『으름나무 하늘을 품다』

김 송 배
(시인, 한국현대시론연구회장)

1. '텅 빈 영혼'과 비움(空)의 실체

현대시에서 인식의 범주(範疇)는 다양하게 나타난다. 시인이 살아온 삶의 궤적(軌跡)에서 인식하는 체험의 상상력은 시법(詩法)에서 어느 지향으로 흐르느냐, 혹은 어떤 이미지를 창출할 것인가하는 등등의 사유(思惟) 방식은 그 시인의 인생관이나 가치관으로 발현되어서 그 시인의 인생적, 시적 진실로 승화하는 경향을 자주 대할 수가 있다.

대체로 우리 현대시의 발상이나 주제의 투영을 살펴보면 그 시인에게 내재된 정서나 사유의 향방이 정련되고 숙성하여 그의 심저(心底)에 흐르면서 어떤 외적인 사물과 접속할 때 영감(靈感)으로 섬광처럼 발화하여 작품 창작과 연결하는 경우가 있는데 이는 외적 사물이 우리의 오관(五官-眼耳鼻舌身)에 의해서 생기는 자극 또는 생리적인 반응 즉 감각(sensation)으로부터 발현되는 점을 간과(看過)할 수 없을 것이다.

이러한 감각기능은 동일한 자극을 받아도 개개인의 감도(感度)나 강도(强度)가 다르게 나타날 수 있으며 시인의 감수성은 예민하지 않으면 안 된다. 감성(感性-sensibility)은 이러한 감각기능을 통제하는 능력을 가지고 있다. 감각적 인식과 감성적 인식 작용이 시인들의 시적 발상이나 주제의 설정에 큰 영향을 미치는 것은 사실이다.

여기 이태균 시인이 상재하는 시집 『으름나무 하늘을 품다』의 작품을 일별하면서 먼저 이와 같은 감성의 기능을 대입하는 것은 이태균 시인이 천착(穿鑿)하는 시적 대상물이 자연과 충실한 교감에서 생성했다는 결론을 접할 수가 있어서 그가 탐구하거나 추적하는 주제의 진실은 바로 자신의 삶에서 획득한 체험의 소산물이라는 점을 이해했기 때문이다.

이태균 시인은 자연과의 감응을 통해서 우리 인생의 지표를 탐색하는 고차원의 주제를 갈구하고 있는데 이는 영혼과 소통을 위한 비움의 미학을 명민(明敏)하게 현현하려는 그의 진실이 적나라하게 주제로 승화하고 있다.

> 황악산 꽃샘바람에
> 풍경소리 요상하고
> 큰 스님 독경에 새소리도 추락하네

새벽산사 그윽한 향내에
　　숨 고르는 저 숲 보소
　　돌 틈새 연분홍 진달래
　　법문소리에 더 낮춘 몸매

　　산 너머 아스라한 뻐꾸기 소리
　　극락문전에 닿으려나
　　지극정성 울려오고

　　산사길 녹음에 취해
　　이승저승이 어디인지

　　어느덧 텅 빈 영혼은
　　제 육신을 잊었구나
　　　　　　　―「산사는 숨이 깊다」 전문

　우선 이태균 시인은 불심(佛心)이 진하게 엿보이는 산사에서 '풍경소리'와 '독경', '새소리', '법문소리' 그리고 '뻐꾸기 소리' 등의 청각 이미지를 추출한 후에 그는 다른 형상의 사물 즉 '황악산 꽃샘바람'과 '숨 고르는 저 숲', '연분홍 진달래', '극락문전' 그리고 '산사길 녹음'을 시각적으로 교감하고 있다.

　그는 다시 '새벽산사 그윽한 향내'와 '녹음에 취'한 후각적인 이미지로 분화함으로써 복합적인 이미저리로 작품을 구성하여 상황 전개의 시법으로 그가 창조하려는 주제의 향방(向方) '이승저승이 어디인지'를 찾고 있다. 그가 종내에 획득한 것은 바로 '텅 빈 영혼'이 '제 육신을 잊었'다는 비움의 미학을 완성시키고 있다.

다시 그는 작품 「갈대」 중에서 '살아있다는 건 / 기다림의 연속이다 // 겨울이 오는 길목에서 / 텅 빈 하늘 향해 / 앙상한 가슴 흔들어 대는 것은 / 누군가를 기다리는 것이다 // 눈물 다 마르도록 / 누굴 사랑한다는 것은 / 제 속 온전히 비우는 일'이라는 어조와 같이 '텅 빈 하늘'과 '제 속 온전히 비우는 일'이 대칭적으로 교감하면서 사유의 중심에는 항상 공(空)의 주제가 충만해 있다.

    결코 멈춘 것 아니다
    쉬고 있는 것이다
    도도히 흐르던
    아무도 막을 수 없는 세월의 강
    갈대를 끌어안고 얼어 있다

    울창한 숲과 골짜기 지나올 때
    노래와 시, 바람과 비
    욕망과 번뇌 다 놓아두고
    이곳으로 옮겨와 자리 잡은 체념

    흘러온 세월만큼의 무게로
    길게 누워있는 강
    할퀴고 찢긴 가슴으로 잠들어있다
                       —「겨울강」 중에서

    그렇다. 이태균 시인은 그가 공에 대한 의식의 결집이 '욕망과 번뇌 다 놓아두고 / 이곳으로 옮겨와 자리 잡은 체념'으로 형상화하고 있다. 이는 그가 인식하는 관념의 핵심은 인간들이 가장 집요하게 추구하는 성찰의 메시지가 명징(明澄)하게 현현되고 있다.

이러한 그의 내면에는 체념과 순응 등이 '세월의 강'에서 합류해서 '노래와 시, 바람과 비' 등으로 순화하지만 '흘러온 세월만큼의 무게로' 낡아서 지금은 '할퀴고 찢긴 가슴으로 잠들어 있'는 형상으로 휴식(체념)의 형상화로 분사하고 있다.

이 밖에도 작품「풍경소리」「풍경을 읽다-이명」「낙엽 이야기」「까치밥」 등에서 '비워진 내 공간만큼'이라는 의존명사로 그의 공의식을 확대하고 있어서 공감의 영역이 흡인(吸引)되고 있다.

2. '그리움'과 시간의 공시적(共時的) 향수

이태균 시인은 다시 그의 시적 시점(視點)을 '그리움'이라는 대명제로 설정하고 있다. 이 '그리움'의 원류도 그의 체험에서 인식된 자아(自我)의 세계가 내적인 심원(心願)으로 착목(着目)하여 안정적인 또 하나의 시적 진실을 탐색하고 있는 것이다.

> 살아온 날들이
> 실어증처럼 무거워질 때
> 우거진 넝쿨 아래 맨발로 서 보아라
>
> 오늘도 땅거미 목젖으로 기어오면

세상 지저귀던 새
서둘러 저녁 숲으로 돌아가고

기다림에 허기진 발등을 딛고
수혈을 한 진보랏빛 꽃별들을 내걸어
다시 숨 몰아쉰다

다가올 계절을 위해
그리움으로 남겨둘 시간을 위해
넝쿨손들, 비운 가슴만큼 서로 몸 비비며 어우러져
닫힌 문 다 내려놓고 있다
허공에 살을 섞고 있다
―「으름나무 하늘을 품다」 전문

이태균 시인은 시적인 정점을 '그리움으로 남겨둘 시간'에서 멈추고 있다. 이 작품은 이 시집의 표제시가 되기도 하는데 그가 설정한 '으름나무'는 야생식물로서 그 열매가 익으면 단맛을 내고 잎과 줄기는 항암과 이뇨의 치료 약용으로 쓰이는 식물이다. 그런데 그가 이 희귀한 식물에서 서정성을 부여하고 '살아온 날'에서 응시(凝視)한 '기다림에 허기진 발등'과 '진보랏빛 꽃별들'의 언어를 수집하고 있다.

그는 이러한 부드러운 잎사귀('넝쿨손들')에서 그가 주제로 투영하고자 하는 '으름나무 하늘'을 우러르면서 '비운 가슴만큼 서로 몸 비비며 어우러져 / 닫힌 문 다 내려놓고 있다 / 허공에 살을 섞고 있다'는 공(空)의식에 대한 내적인 '그리움'으로 승화하고 있는 것이다.

> 소쩍소쩍
> 소쩍새 속절없이 우는 날은
> 6월 가뭄에 밭이랑 터지고
> 물동이 이고 보릿고개 넘어오시다
> 베적삼에 땀 훔치던
> 어머니 생각에 가슴앓이 한다
>
> 소쩍소쩍
> 메아리 따라 더 막막해지는 추억들
> 저 앞산 솔밭에
> 울음 깊이만큼 짙어 가는 그늘
>
> 더 말라 가는 태양
> ―「소쩍새 연가― 6월에」 전문

 그의 그리움은 여기에서 끝나지 않는다. '어머니 생각에 가슴앓이'하는 또 하나의 명제가 그에게 깊숙이 노스탈자로 남아 있다. 그는 '소쩍소쩍 / 메아리 따라 더 막막해지는 추억들' 속에는 이 그리움이 바로 '어머니'와 소통하고 있어서 더욱 정감을 고조(高彫)시키고 있다.
 이러한 향수는 옛 고향을 생각하면 떠오르는 '6월 가뭄'과 '보릿고개', '베적삼' 등의 외적인 현상들이 '어머니'와 동시에 연상(聯想)하면서 더욱 사모곡(思母曲)의 중심으로 진실이 넘치고 있는 것이다.
 이태균 시인의 어머니는 '어머니, 지금이 그때입니다 / 아무 생각이 나지도 / 하지 않아도 좋을 찰나의 순간 / 아! 이 순간이 좋습니다 / 텅 비어진 우주 / 범아일여(「비오는 삼천포」중에서)'라거나 '아, 문득 / 시간의 뒤란을 서성이는 / 어머니와 그리운 사람 생각에 / 갈잎 타는 냄새 더 깊고(「시월에」중에서)'라는 등의 사모곡은 계속 된다. 이와 같은 사모곡의 그리움은 작품「모정」「된장국」「쑥국」등에서 그가 진실로 절감(節減)하는 어머니의 사랑이 가득 넘치는 그리움의 전형이 그의 심정에서 시적 진실로 현현되고 있다.

이태균 시인은 이처럼 소쩍새가 울면 어머니에게로 향하고 다시 '뻐꾸기 우는 날'에는 아버지가 그립다. '살아생전 아버지 술내음처럼 / 그리운 적막감이다 //이승이 찰라 일망정 / 부여잡는 저 구름 //뻐꾸기 두 눈에 / 들어앉은 내 가슴(「뻐꾸기 우는 날」중에서)'의 어조와 같이 아버지에 대한 그리움도 절정을 이룬다.

그는 작품「아버지의 등」전문에서 '내 고향 산천이 / 포도 향으로 짙어 오면 // 외양간 지붕위 / 하얀 달빛이 / 옛 이야기 꽃으로 / 벙그는 사이 // 두엄내 나는 긴 밭둑을 / 밑줄 긋듯 더듬어 // 등 굽은 지난날들이 / 고단한 밤을 건너 / 익모초 같은 / 진한 문장으로 쌓이고'라는 어조가 우리들의 심정을 안온하게 하면서 고향과 아버지와의 동일성의 서정 양식으로 전개하는 시법은 공감을 더욱 깊이 있게 흡인하고 있다.

이 밖에도 자연서정에서 공시적으로 생성하는 그리움의 이미지는 대체로 서정적인 흐름 속에서 안정된 정서 구현을 위한 어조로 많이 현현되고 있는데 작품「찔레꽃」중에서 '시리도록 아픈 그리움 있는지 / 애절함이 병 되어 / 몸뚱어리 가시 돋아'

또는 작품 「하늘꽃 수채화」 중에서 '사랑하는 사람아 / 봄이 간다 / 그리움을 앓는다'라는 절절한 그리움을 분사(噴射)하고 있다.

3. 날고 싶은 성취와 기원의식

이태균 시인은 많은 성취의 기원을 내포하고 있다. 누구에게나 소원이 있고 희망이 있는데 이를 성취하기 위해서는 먼저 자신을 알아야 한다. 일찍이 소크라데스는 우리는 자기의 무지(無知)함을 스스로 알아야 하며, 이럼으로써 우리는 지혜를 사랑하게 된다는 것이다. 그래서 그는 "너 자신을 알라!"고 외쳤고 마침내는 거리에 나아가 모든 사람들과 문답(問答)함으로써 그들 자신이 무지함을 스스로 깨닫게 하였다는 논지와 같이 우리는 자신(자아)을 통찰하면서 삶과 거기에 부수하는 진리가 무엇인가를 먼저 인식해야 할 것이다.

그는 작품 「고성산 단상 · 2」 중에서 '내가 누구인지 알고 싶은 날 / 소리 없이 그대를 찾는 답니다' 그리고 '어느새 맑게 비워진 영혼 / 당신마저 잊습니다'라는 어조로 자신을 알기 위한 시적 노력이 명민하게 발현되고 있다.

이태균 시인도 이러한 현실적인 고뇌가 있다. 이것이 갈등으로 발현한다. 우리 시인들은 현실과 이상에 관해서 많은 번민을 거쳐서 절망하거나 아니면 새로운 지향점을 탐구하는 자성의 길을 통한 소망의 의지를 분사하게 된다.

나지막한 산자락에
갈잎 냄새 더 진하고
송정 오솔길을 휘잡아 돌아보면
굴참나무 그늘에도
구석구석 정여울이다

산기슭 채석장 옆 외로운 폐가에는
온 종일 말 없는 햇빛
산비둘기와 놀고 있고

팔각정 발아래
가물 되는 감천(甘川) 뜰이
구름인 듯 무릉인 듯
혼을 적신 날개처럼
가붓하게 날고 싶다
—「고성산 단상 · 1」 전문

    이태균 시인은 '고성산(김천시에 소재)'에서 그가 소망하는 것은 원대한 이상을 향한 비상(飛翔)이다. 이러한 기원 의식은 대체로 살아온 인생(혹은 삶)을 회상하면서 인식하게 되고 인식하는 과정에서 여과(濾過)된 인생론이 무엇인가를 재확인하게 된다. 이 확인(또는 발견)하는 과정에서 성찰을 통한 인생관이나 가치관을 새롭게 창출하거나 재편성하는 기원의식으로 변하게 된다.
    그는 이처럼 이상과 괴리(乖離)된 현실을 탈피하고자 '혼을 적신 날개처럼 / 가붓하게 날고 싶다'는 것이 그가 실현해야 할 시적인 진실이며 기필코 성취해야 할 인생의 과제인 것이다.

그의 시법은 지극히 서정적이다. 자연을 조망하면서 자연의 섭리를 순응하고 유유자적한 감응으로 시각적인 이미지를 적절하게 구사하고 있어서 시적 정감이 안온하게 넘쳐나고 있는 것이다.

> 가을 녘엔
> 너를 꼭 안아 주고 싶다
> 가는 허리에 목이 긴
>
> 스산한 날에도 맨살 내놓고
> 연분홍 한복에 버선발로 서 있는
> 작은 바람에도 와르르 무너질 것 같은
> 어떤 세풍에도 오히려 꺾이지 않는
> 너를 갖고 싶다
> ―「코스모스 · 1」 중에서

여기에서도 그는 '……싶다'라는 보조형용사를 통해서 그의 간절한 기구(祈求)의 염원을 현현시키고 있다. 그는 '가을 녘엔 / 너를 꼭 안아 주고 싶다'거나 '어떤 세풍에도 오히려 꺾이지 않는 / 너를 갖고 싶다'는 어조가 그의 간절한 희구(希求)의 이미지로 발현하고 있다.

이태균 시인은 '고성산'에서는 시각적으로 외적(外的)인 사물이미지를, 여기 '코스모스'에서는 '가을'이라는 시간성과 융합하는 내적(內的)인 관념이미지가 절묘하게 조화를 이루면서 공감의 효과를 높이고 있다.

이 밖에도 작품 「고향 4월」 중에서 '아늑한 어둠의 광야에 한 줄기 빛처럼 / 아직 깨면 안 되는 꿈을 보듬고 // 진달래 볼그레한 수줍음으로 피는 / 아쉬운 봄을 잡아 두고 싶다'는 기원으로 '내 영혼'과 '생명'에 대한 염원을 적시하고 있으며 작품 「바람이고 싶다」 중에서도 '오히려, 있는 자체도 의식하지 않는 / 바람처럼 왔다가 바람처럼 갈 수 있는 / 가식도 가짐도 없는'는 그의 기원의식은 그의 인생의 가치관이 가미된 진실의 일단이 시적으로 형상화하고 있는 것이다.

4. 자연 교감의 서정적 시법의 정수(精髓)

이태균 시인에게서 감지할 수 있는 시법은 그의 뇌리에 착목하는 모든 시적 제재가 만유(萬有)의 자연에서 출발하고 있다는 특성을 읽을 수 있게 한다. 지금까지 살펴본 작품들은 그가 천착하는 비움의 미학이나 그리움과 시간성의 조화 그리고 절실한 기원의식이 모두 자연 현상을 배제할 수 없음을 이해하게 된다.

그는 우리 주변에서 감응할 수 있는 자연환경이 시간과 융합할 때 생성하는 섭리의 형상들이 이태균 시인의 시야에 접수되면 그 미감(美感)은 충만되고 이미지는 투여되어 작품이 창조되는 특성을 알 수 있다.

초록단장 옆어질까

연이틀 오던 봄비
아침안개 까치소리에
조바심으로 멎고
남쪽 그립던 훈풍으로
붉게 물오른
살구나무 젖망울

부서진 햇살 속을
살며시 속살 비집고 나온
몸을 비튼 초록 여심

오랜 터널 속에서
조용히 새벽을 연다
　　　　　　　　　―「삼월」 전문

　이 '삼월'이라는 시간성은 계절이 우리 인간들에게 제공하는 최고의 선물이다. 특히 여기에서 서정성을 절감할 수 있는 부분은 시각에서 '초록단장', '봄비', '아침안개', '살구나무 젖망울', '햇살', '초록'. '터널' 그리고 '새벽'을 시적 상황으로 도입하고 또 청각으로 '까치소리'를, 촉각으로 '훈풍'을 그리고 내적인 관념이미지로 '조바심'과 '여심' 등으로 작품이 구성되어 복합적인 이미저리를 엿보게 한다.
　고(故) 김준오 교수의 '시론'에 따르면 '비정적 타자성'이라는 대목에서 자연이 그 존재 근거를 신이나 인간정신에 두고 있기 때문에 가장 전통적인 자연관이 성립된다고 한다. 자연은 인간의 정서나 사회에 좋은 혜택을 준다는 낙관론이 가능

하지만 자연과 시인의 관계가 더욱 중요시되는 것이라고 한다.

김 교수는 감상적 오류라고 하는 자연의 인격화에 동화(同化-assimilation)와 투사(投射-project)의 두 원리로 구분해서 설명하고 있는데 동화는 시인이 모든 자연을 자신 속으로 끌어와서 그것을 내적인 인격화하는 것이며 투사는 시인이 자연 속에 자신을 상상적으로 투여하는 원리인데 이 두 가지 원리가 낭만적 자연관이라고 한다.

이태균 시인은 시각, 청각 등의 감각을 동원하여 자연을 자신의 심연(深淵)으로 끌어오는 투사법을 적용하고 있다. 이런 시법은 작품 「어무이-봄 오는 날」 중에서도 '어릴 적 냉이 쑥 캐던 날 그리우시면 / 유채 꽃의 노랑나비 되어 / 온 종일 당신 곁을 떠나지 않겠습니다'라고 '어무이'를 자신에게로 이입(移入)시키고 있다.

그는 이 계절의 변화에 따라서 전환하는 이미지의 변화가 다양하게 현현되는데 작품 봄에는 「봄비」, 여름에는 「동해바다」, 가을에는 「가을 산」 「가을 영상」 「가을 병」 「가을은」, 겨울에는 「은행나무」 「겨울 대덕산」 등등이 시간성과 서정적 시법을 대칭적으로 상관하고 있다.

　① 하얀 드레스 입은 수줍은 신부다
　　자신이 이미 봄인 줄도 모르고
　　얼어버린 긴 날들 지겨워
　　겨우내 참아 왔던 은밀한 몸부림은

촉촉한 밤이슬과 눈이 맞아
　　섣불리 처녀를 터트린다

② 사랑에 빠졌다, 앞뜰 라일락
　　제 속살 익는 향기에 취해
　　보랏빛 옷자락 풀어 제낀다
　　이슬 젖은 가슴
　　그윽한 향수로 유혹한다

③ 담장 한쪽에 비켜서 있어도
　　너의 환한 미소에
　　꽃샘바람도 넋을 잃네
　　새들도 연신 입 맞추네

　위의 작품들은 ①이「목련」②는「라일락」③은「산수유」중에서 일부를 추려왔다. 작품 소재에서 보는 바와 같이 자연 현상 중에서도 봄에 피는 꽃들이 대거 등장하고 있다. 이렇게 꽃의 이미지는 미인이거나 사랑 또는 유혹 등으로 분화하여 작품 속에서 낭만적인 서정을 노래하고 있다.
　이태균 시인도 외적 사물이미지에 민감한 반응을 보이면서 우리 인간의 정서와 대비하는 이미지를 창출함으로써 표현과 주제의 투영이 더욱 아름답게 그리고 지적으로 안착하게 된다.
　그는 '하얀 드레스 입은 수줍은 신부=목련', '그윽한 향수로 유혹=라일락' 그리고 '새들도 연신 입 맞추=산수유'라는 상징과 이미지는 그에게서 재생하는 상상력이 결론적으로 시적 창조로 연관되고 우리들은 거기에 매료(魅了)하는 그의 시법에 감

동하고 있는 것이다.

이태균 시인은 완벽한 서정시인이다. 그의 대자연관이나 자아의 인식도 안정성을 망각하지 않는 진솔한 인간성 창조에 그의 역량을 투입시키고 있다. 시집 『으름나무 하늘을 품다』의 수록 작품 전체에서 넘치는 비움의 미학도 결론적으로 대자연과 상관성을 형성하면서 인생관과 화합하고 조화시키는 삶을 구현하려 하고 있다.

그는 '참이란 이렇게들 말을 하지 // 너와 내가 하나 되는 범아인 삶이며 / 익어가는 가을에 물 든 줄도 모르고 / 흰 눈 오는 밤이면 마음 가는 데로 / 지구를 걸어보는 게지(「참·1」 중에서)'라는 어조와 같이 '참'이라는 인간적 진실과 진리를 지향하는 순정적 시인으로 영원히 남을 것이다. 시집 발간을 축하한다.

으름나무 하늘을 품다

이태균 시집

발 행 일 | 2016년 6월 10일
지 은 이 | 이태균
발 행 인 | 李憲錫
발 행 처 | 오늘의문학사
출판등록 | 제55호(1993년 6월 23일)
주　　소 | 대전광역시 동구 대전로 867번길 52(삼성동 한밭오피스텔 401호)
전화번호 | (042)624-2980
팩시밀리 | (042)628-2983
홈페이지 | http://www.lito77.co.kr(홈페이지)
전자우편 | hs2980@hanmail.net

공 급 처 | 한국출판협동조합
주문전화 | (070)7119-1741~2
팩시밀리 | (031)944-8234~6

ISBN 978-89-5669-758-1　03810
값 10,000원

ⓒ이태균.2016

* 이 시집은 경상북도와 한국문화예술위원회 진흥기금을 지원받아
　제작되었음.

* 이 책은 ㈜교보문고에서 E-Book(전자책)으로도 제작·판매합니다.
* 잘못 제작된 책은 바꾸어 드립니다.
* 지은이와 협의하여 인지는 생략합니다.